La ilusión de un Hápax

Sergio L.P.

I0159748

Cuando el primer hombre abandonó la caverna
que durante milenios su hogar supuso
al salir la luz del Sol cegole
y al igual que en la caverna nada ver pudo.

Poco a poco sus ojos se acostumbraron
a la luz del nuevo mundo
y finalmente todo vio más claro.

Pero cada cambio otro cambio causa
y a la vista de lo nuevo
el primer hombre creyose hombre segundo
y olvidó al hombre primero
y la caverna donde en soledad vivía.

Despreció igualmente el mundo nuevo
ya que con el paso del tiempo
viejo mundo se volvía.
Perdiose, ciego como antes
en esa especie de caverna invertida...

Hasta que un día este hombre
extenuado de vagar se detuvo
iluminado como otrora desde dentro
y vio más claro aun que con los ojos abiertos
lo que hizo salir de sus cavernas
tanto al hombre primero como al segundo:
la Voluntad que en toda cosa reside
cuando está correctamente encauzada.

¿o es que el tercer hombre no puede abrazar la luz a oscuras?

Lo que a continuación sigue no son ideas,
ni siquiera el reflejo de las mismas,
sino cauces por donde espero
que una Voluntad adecuada fluya.

¿Cómo explicarías el secreto
a un grupo de neófitos
que aun no hablasen nuestra lengua?

¿Cómo explicarías el secreto
que reside en todo cuanto
somos, vemos y sentimos?

¿Cómo explicarías el secreto
de la íntima intuición que tie-

nes de que todo está entrelazado y
de que incluso lo complejo
pueda ser algo sencillo?

El que tenga oídos que me oiga
y el que tenga ojos lo lea:
Dios, Adán, Eva, Caīn y Abel.

¡Gaudeamus! Por las buenas nuevas.
¡Gaudeamus! Mis amigos.
Liberados de nosotros,

apartados del viejo camino.
¡Gaudeamus! A lo lejos
divisamos nuestro sino.

Paraíso de eterno retorno,
limbo perfectamente huma-

no e infierno enteramente divino.
Las cenizas de los dioses
sembrarán nuestros plantíos.

¡Gaudeamus! Las campanas doblan
por el puente y el hombre nuevo
por el mediodīa infinito.

Una visión me persigue en sueños:
reminiscencia herética
del Inconsciente que sabe

cuan poca distancia hay entre
la insondable profundidad
y la vacuidad presente

cuando el sufriente dispone testa
en el interior de la horca y es-

ta impaciente su lazo cual fauces
desata cuando se cierra
el silencio de la plebe

que presiente el misterio inherente
a la vida y a la muerte
que mera cuerda separa.

Acción, reacción y verificación.
La psique bien aquiescente
ante esto inquieta se siente.

Acción, reacción y verificación.
Ciencia del concreto artista
que en la gran colmena habita.

Acción, reacción y verificación.
Ciencia que al vencer es venci-

da por el intelecto que un día
orgulloso diole vida,
¡pobre necio infanticida!

Acción, reacción y verificación.
Única razón y guía
de quien de ellos no se fía.

Como antaño el mundo ya no es sueño
ni siquiera pesadilla
sino una ïda y venida

entre los extremos que se tocan
de lo idéntico y lo mismo
desde el principio hasta el final.

Imposible saber si la moral
de alguna utilidad fue-

ra en esta especie de ordenado caos,
o meritísima creación
o simplicísimo creador,

donde hombres, dioses y nebulosas
terminan por confundirse
y ser una misma cosa.

Lo contrario nace del exceso.
Los prados vuélvense jaulas
de ser demasiado vastos.

Si con detenimiento lo piensas
el hielo vuélvese llama
y miedo la inteligencia.

De la idea al dogma solo häy un paso
dos haylos del dogma a la igno-

rancia, véase este buen ejemplo:
los números a ilusiones
que a las religiones llevan.

Mucha senda al caminante mata
muchas muertes dan las vidas
previamente condenadas.

Hubo ōráculo y anuncio hïzo.
Habló del destino cierto,
fue un brillante vaticinio.

Necesidad que niebla disipa
con Caronte navegando
dirección Alejandría.

¡Alabad la lejanía, hermanos!
Pues nada tiene más senti-

do en el ocaso de los creadores
con su viejo despotismo
hacia un nuevo despertarse.

Lo inevitable aportarnos quiso
quien al Lejano fe diole
y un templo sin cetro erguiole.

La herencia humana puedo resumir
con parábola sencilla
que me hizo llorar y reír.

Camino más corto entre dos puntos
rodeados por la nada
que son muerte y nacimiento.

Trazo lógico y de hïel repleto
pues ante sí legado de-

ja a generaciones venideras
de un error irrefutable
que imborrable permanece

como loable y discreto culpable
de cimentar sobre arena:
la inefable línea recta.

Desandar sin dudarlo el sendero
para llegar a la chispa
que hizo al cosmos inflamarse

como el sabio que ha de olvidar todo
lo que llevole una vida
de innombrables sufrimientos.

Deshacer los lazos que ideas unen
recuperando la ignoran-

cia en la que sin pecado nacimos
para reconstruir al hombre
que encontramos en pedazos.

Esfuerzo hercúleo del intelecto
que además de a la locura
burlarse a sí mismo debe.

El ser humano es ser mal llamado
por abuso del código
que Razón ha edificado.

Rencarnante, homínido pensante,
castigado y bendecido
con dicotomía errante.

Rumiante de ramas y hojas secas
de aquel árbol de mitolo-

gía de cuyo tronco torcido
siguiendo la buena vía
muchos otros muchas veces

leña hicieron con alevosía
para alimentar el fuego
que a la vez quema y enfría.

Intentar paralelismo quiero
tras lectura del Fundador
sobre el don de profecía.

Que nadie se irrite cuando digo:
filosofía y religión
cara y cruz de la moneda.

¿No es acaso Dios Voluntad ciega
y la presciencia del asce-

ta no es sino falsa iluminación
con Logos disimulada
sobre la esencia del mundo?

Con la venia del Principio Fatuo
sólo espero que en mi mano
moneda de canto caigas.

Por un cauce de cauces infinitos
me ha mecido y hasta aquí traído
a lo largo del sinuoso río
que en sí mismo desemboca

esa fuerza que todo lo toca
y que de ella y por ella rebosa
un vaso que siempre está vacío
en cuyo fondo sin fondo
la respuesta reposa.

Vi en el fondo la respuesta,
los fundamentos de esa fuerza ciega
que otorgome generosa su gracia,
tras lo cual partí de nuevo en paz en mi barca ungido.
Aunque quisiera no podría transmitirte
lo que allí hubiera aprendido.

Si quieres luchar contra la Voluntad
has de hacerlo con tu mayor fiereza;
para vencerla, en cambio, es necesario
resignarse, una capitulación completa.
Vencer es volver a fundirse con Ella.

Al hacerlo estoica y conscientemente
la victoria al individuo pertenece.
A pesar de que poco importa, a fin de cuentas,
pues vencedor y vencido siempre irán de la mano.

Más allá de Nuestro Mundo
no hay gozo ni sufrimiento
no hay vida.
Más allá de la Fe
no hay luz ni espejo
no hay revelación.
Más allá de la Voluntad
no hay formas ni consciencia
no hay Ser.
Dios,
si existes y me escuchas
déjame juzgar para ser juzgado.
Amén.